La piedra negra

Obra de teatro en cinco actos

Para ver la obra:
La piedra negra

Escanea el código QR

Dr. Sultán bin Muhammad Al Qasimi

La piedra negra

Obra de teatro en cinco actos

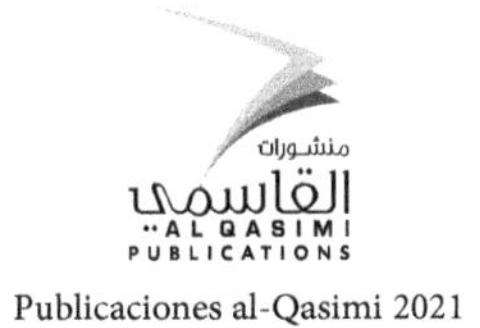

Publicaciones al-Qasimi 2021

Título del libro: La piedra negra (Obra de teatro en cinco actos)
Nombre del autor: Dr. Sultán bin Mohammed Al-Qasimi
(Emiratos Árabes Unidos)
Nombre del editor: Publicaciones al-Qasimi
Sharjah, Emiratos Árabes Unidos
Edición: Primera
Año de publicación: 2021

Traducida del árabe Por: Mohamad Nazir Homsi
Texto revisado por: Iván de la Rosa Vives

ISBN 978-9948-469-29-2
Autorización de impresión:
Consejo de medios nacionales Abu Dhabi
No. MC-03-01-8093787, fecha: 02-04-2021
"El grupo de edad que corresponde al contenido de los libros ha sido clasificado según el sistema de clasificación por edades publicado por el Consejo Nacional de medios"
El grupo de edad: E

Sharjah, Emiratos Árabes Unidos

Publicaciones Al Qasimi, Al Tarfa, Sheikh Mohammed Bin Zayed Road
PO Box 64009 Sharjah, Emiratos Árabes Unidos
Tel: 0097165090000, Fax: 0097165520070
Correo electrónico: info@aqp.ae

Índice

Introducción

En nuestra sociedad islámica hoy en día, los movimientos de reforma prevalecen sobre bases religiosas, sociales y políticas, incluso si los enemigos del islam intervinieran para desviar a los extremistas a ese llamada, se convertiría en terrorismo.

Y en nuestra obra de teatro que presentamos hoy, "La piedra negra", se encuentra una de las imágenes de la injerencia de los enemigos del islam en la dirección de un movimiento islámico mediante el cual se busca justificar el bien mediante un movimiento terrorista.

Los hechos históricos mencionados en la obra que ocurrieron durante la actividad carmatiana y su larga lucha con el califato abasí. Los nombres, lugares y fechas son todos reales.

Esperamos que esta obra le permita al lector o es

pectador tener una idea acertada del origen del terrorismo e invitar a la gente como Alá, el Todopoderoso, nos ha ordenado:

Llama al camino de tu Señor por medio de la sabiduría, la buena exhortación y convenciéndolos de la mejor manera.[1]

El autor

1- El noble Corán (Sura de la abeja-125).

Reparto:

Voz en off (1)

La dama (madre del califa al-Muqtadir)

Kahramana Thomal

Califa Al-Muqtadir Ibn al-Mu'tadid

Gharib al-Khal

El mayordomo Nasr

Abdullah Ibn Al-Mu'taz

Mu'nis al-Khazen

El sirviente **al-Saqlabi**

Sirviente joven

Voces (2)

Abu Sa`id Hassan al-Jannabi

Comandante (1)

Comandante (2)

Comandante (3)

Comandante (4)

Comandante (5)

Un grupo de guardias

Sa`id** (hijo mayor de Abu **Sa`id al-Jannabi al-Qarmati)

Suleiman Abu Taher (hijo menor de Abu Sa`id al-Jannabi al-Qarmati)

Un beduino

Un grupo de danza Al-Ardha

Voz en off (2)

Muhammad Sanbar Ibn al-Hassan Ibn Muhammad Sanbar

Un comerciante

Guía

Abu al-Fadl Zakaria

Un grupo de Abu Taher al-Qarmati

El séquito de Abu Taher al-Qarmati

Servidor

Furya (Madre de **Sa`id** y Suleiman)

Hermana de Abu Taher Al-Qarmati

Voces de oración por los peregrinos en el plato de la Gran Mezquita de La Meca

Un hombre (que presenta al príncipe de La Meca)

Príncipe de La Meca

Formaciones de apertura

Con las melodías de la música entran formaciones conmovedoras y expresivas que muestran las herramientas del progreso científico, en el primer período del califato Abasí desde el año 132 AH, correspondiente al año 750 d. C, hasta el año 279 AH correspondiente al año 892 d. C.

Primer acto

Lugar: Casa del califato, residencia de al-Muqtadir Ibn al-Mu'tadid.

Vista: Un gran salón con muebles de lujo.

Se escucha la voz de una persona que llama proveniente de fuera de la casa con un golpe en un tambor:

Hombre que comunica: ¡Oh, gente de Bagdad! El presente informa a los ausentes que en el vigésimo día de Rabi 'al-Awal, el año 296 AH, el califa Abdullah Ibn Al-Mu'taz se hizo cargo del califato. ¡Oh, pueblo de Bagdad! El presente informa a los ausentes que los líderes, jueces y notables juraron lealtad a Abdullah Ibn Al-Mu'taz en su califato.

¡Oh, pueblo de Bagdad! El presente informa a los ausentes que el ministro al día de hoy es Muhammad

Ibn Daoud, que el jefe de las oficinas al día de hoy es Ali Ibn Issa y que el juez al día de hoy es Ahmed Ibn Daoud. ¡Oh, pueblo de Bagdad! El presente informa a los ausentes...

Durante estos comunicados la dama, "madre de al-Muqtadir", entra y tras su aparición se percibe su importancia debido a su ropa y su forma de actuar. Ella deambula por el salón con miedo, como si esperara que sucediese algo importante. Mira por la ventana unas veces y a la puerta en otras ocasiones, y cuando escucha las palabras de la persona que llama, pone ambas manos sobre sus oídos para no escuchar nada. Cuando todo eso acaba vuelve la mirada al cielo, levantando las manos y dice:

La Dama: ¡Oh, Alá mío! Tú eres quien puede hacer todo, sé amable con nosotros...

¡Oh, Alá mío! Mi hijo es joven, no tiene más de trece años. ¡Oh, Alá mío! Tres meses han pasado desde que se hizo cargo del califato y las calamidades lo atormentan. ¡Oh, Alá mío! Esto duele en su pequeño corazón.

(Llaman a la puerta)

La dama (llamando):

Kahramana, Thomal, ¡Oh, Kahramana! ¡Oh, Thomal!

Thomal: ¿Sí, su majestad?

La Dama: Mira quién está en la puerta.

Thomal va a ver quién está en la puerta, luego regresa alegremente para decir:

Thomal: Su majestad... Su majestad... ¡El mayordomo Nasr dice que Abdullah Ibn Al-Mu'taz huyó!

La Dama: Alabado sea Alá... Alabado sea Alá.

La dama (ordenando): ¡Oh, Thomal! Date prisa y saca a su majestad el califa al-Muqtadir de su escondite.

La dama deambuló por el salón hasta que sacaron a al-Muqtadir de su escondite.

Thomal entra mientras guía al califa al-Muqtadir, que es un chico joven, y lo arrastra como una pluma que flota en el viento:

Thomal: Su majestad... Su majestad... ¡Aquí está el califa!

La Dama: Hijo mío... Hijo mío...

Ella lo lleva de la mano al sofá, le limpia el hombro y le arregla la ropa mientras le dice:

La Dama: Hace dos días que no veo tu rostro. ¡Maldito sea Ibn Al-Mu'taz!

Al-Muqtadir: Mamá... ¿Qué pasó?

La Dama: Esta mañana Abdullah bin Al-Mu'taz envió una orden para que abandonaras la casa de Ibn Taher, para que él pudiera mudarse a la casa del califato, y actué sin avisarte. Así que di órdenes a Mu›nis al-Khadim, Mu›nis al-Khazen, Gharib al-Khal, al séquito y a nuestros partidarios y los envié a luchar contra Abdullah Ibn Al-Mu›taz.

Llaman a la puerta y Thomal corre hacia la puerta para mirar, luego regresa para decir:

Thomal: Moulay, el mayordomo Nasr dice que Gharib al-Khal está en la puerta.

Al-Muqtadir: Déjalo entrar.

La Dama: ¿Qué pasó? ¿Por qué regresó?

Gharib al-Khal entra con su espada en la mano y en sus ropas rasgadas hay rastros de sangre de la batalla. Habla mientras jadea:

Gharib al-Khal: Fuimos hasta al-Mukhrram, donde se alojaba Ibn Al-Mu'taz, y allí nos enfrentamos a sus guardias, por lo que él huyó con su ministro, Muhammad Ibn Daoud, el juez Ahmed Ibn Daoud, y su serviente llamado Yumn. Pero Mu'nis al-Khadim, Mu'nis al-Khazen y su séquito lo persiguieron y hostigaron de un lugar a otro.

Gharib al-Khal: Muley, el caos dominó en Bagdad y se produjeron saqueos y asesinatos. Entonces Ali Ibn Muhammad Ibn al-Furat salió para aplacar el pillaje.

La Dama: ¡Oh, Gharib! Vete y tráenos a Ali Ibn Muhammad Ibn al-Furat.

Gharib al-Khal sale.

Al-Muqtadir: ¿Madre, qué quieres de Ali Ibn Muhammad Ibn al-Furat?

La Dama: ¡Es el mejor para ser tu ministro!

Se escuchan voces en la puerta. Luego entra el mayordomo Nasr gritando:

El mayordomo Nasr: ¡Ibn Al-Mu'taz! ¡Ibn Al-Mu›taz!

Señala la puerta por la que entró y todos se sorprenden y asustan.

Entra Abdullah Ibn Al-Mu'taz, un anciano que exhibe los efectos de la batalla, y con él Mu'nis al-Khadim y Mu'nis al-Khazen, cada uno de los cuales ha atado una cuerda en cada una de las manos de Ibn Al-Mu'taz.

La dama (burlándose de Ibn Al-Mu'taz):

¿No fue suficiente el dinero que recibiste?

Abdullah Ibn Al-Mu›taz: Desde que mi padre, el califa Al-Mu'taz, fue asesinado y este Estado entró en declive, en lugar de victorias acontecieron derrotas de los carmatianos en todas partes. Y en lugar de ciencia, conocimiento y sofisticación, entregaste al chico a sus propios placeres e hiciste que las mujeres y los sirvientes se encargaran de los asuntos del Estado.

¿Alguien se cree que esta sirvienta, Thomal, fue nombrada miembro de la Junta de Quejas Formales?

La vida empeoró cuando asumió el cargo. ¡El dinero se esfumó de las casas de la moneda y los musulmanes se dispersaron!

La Dama: ¿Acaso fuimos nosotros los que matamos a tu padre, Al-Mu›taz?

Fueron los soldados turcos quienes lo mataron.

¿Y ahora, mientras estás en mi casa, y caíste en mis manos vienes a juzgarme por eso?

La dama (dirigiéndose a Mu›nis al-Khadim):

¡Mátalo! ¡Oh, Mu›nis!

Mu'nis al-Khadim alza la espada para matar a Abdullah Ibn Al-Mu'taz. Sorpresivamente, interviene el califa Al-Muqtadir:

Al-Muqtadir: ¡Detente! ¡No lo mates!

La Dama: ¡Sí! ¡Que lo mate!

Al-Muqtadir: Llevadlo a prisión y dejadlo allí para que experimente el tormento hasta que muera.

Mu`nis al-Khadim y Mu`nis al-Khazen salen mientras arrastran a Abdullah Ibn Al-Mu`taz que gritaba:

Abdullah Ibn Al-Mu'taz (dirigiéndose a la dama): ¡Te mataré con mis propias manos!

¡Os mataré a todos, hasta que el califato retorne a la familia Al-Mu›taz!

¡Tú morirás! ¡Todos vosotros todos moriréis!

Telón

Segundo acto

Lugar: La casa de Abu Sa`id al-Jannabi en Hajar.

Escena: Salón de Abu Sa`id al-Jannabi.

En el salón hay un sirviente personal de Abu Sa`id al-Jannabi llamado al-Saqlabi y otro sirviente es más joven que él.

Sirviente joven: Desde que comencé a servir en esta casa no he visto al amo Abu Sa`id al-Jannabi orando o ayunando. Pero tú eres un verdadero musulmán, me enseñaste a leer y a adorar el Corán.

Te amo, por Dios.

Sirviente al-Saqlabi: Este que se llama a sí mismo el amo no es un amo, escúchame bien.

(Se lo lleva a un lado)

Su verdadero nombre es Hassan Bahram y es de

origen persa. Era un herrero del pueblo de Janaba, en la costa de Persia. Fue expulsado de allí y cruzó el Golfo hasta Qatif. Era comerciante y llamaba a los árabes a su doctrina, la doctrina carmatiana, por lo que su prestigio se magnificó y se convirtió en el jefe de los carmatianos y promotor de su doctrina. El califa al-Mu'tadid luchó contra él pero Hassan Bahram derrotó al califa, saqueando Basora y capturando a hombres, mujeres y niños. Soy uno de los soldados del califa al-Mu'tadid capturado por Hassan Bahram.

Yo era una persona libre... ¡Libre! Y me esclavizó... Me esclavizó.

Los camellos no pudieron transportar todo el dinero robado de Basora.

Sirviente joven: ¿Y qué pasó con todo ese dinero?

Sirviente al-Saqlabi: ¡Lo enterró en el desierto! Su paradero sólo lo conoce su hijo menor, Suleiman.

(Sonidos provenientes de la entrada de la casa)

El sirviente joven acelera y abre la puerta, y los sonidos se hacen más fuertes y cercanos.

Sirviente joven (dirigiéndose a al-Saqlabi): El maestro viene, y con él los líderes.

Los dos criados se esconden y escuchan la conversación.

Abu Sa`id entra con cinco de sus comandantes mientras los dos sirvientes escuchan.

Abu Sa`id: ¿Qué noticias hay de Bagdad?

Uno de los líderes: Bagdad ha estado complacido con la noticia desde que al-Muqtadir asumió la sucesión, es decir, hace seis años. al-Muqtadir está con la gente de Bagdad, unas veces lo encumbran bien alto y otras veces lo bajan. Unas veces lo proclaman califa y otras veces lo destituyen de su cargo.

Uno de los líderes: Y los ministros en Bagdad están compitiendo para atrapar el faisán y dar dinero en abundancia a quien lo atrape.

Uno de los líderes: Lo que más les complace es el haber incorporado el juego y el humor a la ley.

Uno de los líderes: Y al-Muqtadir no está al tanto de noticias sobre adversidades y desgracias, porque su madre le niega esas noticias.

Uno de los líderes: al-Mu'tadid, el padre de al-Muqtadir, movilizó ejércitos contra mí cuando ocupé Basora, pero derroté a su ejército. Luego se volvió amable conmigo y dejó de luchar.

Uno de los líderes: ¡Ésta es nuestra oportunidad! Atacamos Bagdad, eliminamos el califato abasí e instauramos el califato carmatiano.

Abu Sa`id al-Jannabi se levanta con los comandantes y se dirige a la habitación contigua diciendo:

Abu Sa`id: Esta charla debe planificarse.

(Después de un momento de reflexión)

Espérame en la habitación de al lado.

(Llama al sirviente joven)

¡Oh, chico! ¡Vamos chico!

*(El sirviente joven acude **rápido**)*

Abu Sa`id (dando órdenes al sirviente joven): Lleva a los líderes a la habitación contigua y cumple con tu deber.

Los líderes salen junto al sirviente a través de una puerta del Consejo que da a la habitación contigua.

Abu Sa`id se dirige a una puerta del consejo que da a su habitación privada y grita:

Abu Sa`id (llamando): ¡Al-Saqlabi. al-Saqlabi! ¿Dónde estás, oh, sirviente?

Sirviente al-Saqlabi: (sale rápidamente de su escondite): Sí, mi amo.

Abu Sa`id: Prepárame el baño. Quiero bañarme.

Abu Sa`id sale por la puerta a la que se dirigió.

Sirviente al-Saqlabi: ¡Lo que usted ordene, amo!

El sirviente al-Saqlabi está de pie, en el centro del Consejo, con aparente ira en su rostro y se dice a sí mismo:

Sirviente al-Saqlabi: ¡Quieren atacar Bagdad! Bagdad es mi país, donde están mis padres, Bagdad es donde están mi esposa e hijos, Bagdad tiene a mis hermanos y hermanas, Bagdad tiene a mis colegas, los soldados del califato. ¡Por Dios! ¡No te dejaré hacer eso!

El sirviente al-Saqlabi coge un cuchillo grande, y mientras lo mueve con la mano dice:

Sirviente al-Saqlabi: ¡Por Dios! ¡No te dejaré hacer eso!

¡Te mataré!

Entra al baño, y se escucha el sonido de herramientas y del correr del agua. Luego sale el sirviente al-Saqlabi con un cuchillo en la mano.

Abu Sa`id al-Jannabi (llamando desde dentro de su propia habitación): Sirviente... ¿Has preparado el baño?

El sirviente al-Saqlabi esconde el cuchillo detrás de su espalda, recibe a Abu Sa`id al-Jannabi y le dice:

Sirviente al-Saqlabi: Señor, el baño está listo.

Abu Sa`id va hacia cuarto de baño y, mientras entra por la puerta, el sirviente al-Saqlabi apuñala a Abu Sa`id por la espalda. Este grita y el sirviente le empuja dentro del cuarto de baño.

Después, el sirviente se va al centro del Consejo y, manteniendo el cuchillo escondido detrás de su espalda, llama a un comandante:

Sirviente al-Saqlabi: ¡Oh, comandante! ¡Oh, comandante!

(Un comandante acude al centro del Consejo)

Sirviente al-Saqlabi: El maestro quiere hablar contigo.

El sirviente al-Saqlabi guía al primer líder hacia la puerta del baño, y cuando entra le apuñala por la espalda y se escuchan sus gritos.

El sirviente al-Saqlabi se dirige otra vez hacia el centro del Consejo, con el cuchillo en la mano escondido detrás de su espalda, y llama al segundo comandante:

Sirviente al-Saqlabi: ¡Oh, comandante! ¡Oh, comandante!

(Otro comandante acude al centro del Consejo)

Sirviente al-Saqlabi: El maestro desea hablar contigo.

El sirviente al-Saqlabi dirige al segundo comandante hacia la puerta del baño y cuando entra le apuñala por la espalda y se escuchan sus gritos.

El sirviente al-Saqlabi se dirige de nuevo hacia el centro del Consejo, con el cuchillo en la mano oculto tras su espalda, y llama al tercer comandante:

Sirviente al-Saqlabi: ¡Oh, comandante! ¡Oh, comandante!

(Un tercer comandante acude al centro del Consejo)

El Sirviente al-Saqlabi: El maestro quiere hablar contigo.

El sirviente al-Saqlabi dirige al tercer comandante

hacia la puerta del baño y cuando entra le apuñala por la espalda y se escuchan sus gritos.

El sirviente al-Saqlabi se dirige de nuevo hacia el centro del Consejo, con el cuchillo en la mano oculto tras su espalda, y llama al cuatro comandante:

Sirviente al-Saqlabi: ¡Oh, comandante! ¡Oh, comandante!

(El cuatro comandante acude al centro del Consejo)

Sirviente al-Saqlabi: El maestro quiere verte.

El sirviente al-Saqlabi dirige al cuatro comandante hacia la puerta del baño y cuando entra también le apuñala por la espalda y se escuchan de nuevo los gritos.

El sirviente escita va al centro del Consejo, sosteniendo el cuchillo escondido detrás de su espalda y exclama:

Sirviente al-Saqlabi: ¡Comandante! ¡Comandante!

(El quinto comandante asiste al centro del Consejo)

Sirviente al-Saqlabi: El maestro quiere hablar contigo.

El quinto comandante se dirige hacia la puerta del baño pero comenzó a mirar al suelo, donde había rastros de sangre que se dirigían hacia el baño, por lo que cuando se acercó al cuarto de baño miró hacia dentro, vio la sangre y reparó en los cadáveres apilados unos sobre otros.

El sirviente ataca al quinto comandante, lo atrapa y comienza un forcejeo, tratando empujarlo hacia el cuarto de baño. Pero el quinto comandante era más fuerte que el joven sirviente.

Se produce una pelea entre ambos, así que el quinto comandante, mientras sostiene al sirviente escita, grita a todo pulmón:

Quinto comandante: ¡Oh, Sa`id! ¡Oh, Suleiman!

¡El sirviente mató a vuestro padre!

¡Guardias! ¡El sirviente mató al amo!

¡Oh, gente! ¡El sirviente mató a los líderes!

Los guardias y los cortesanos acuden rápidamente y agarran al criado al-Saqlabi. Le atan las manos a la espalda y las piernas, lo tiran de espaldas, en el centro del Consejo. Luego sacan los cadáveres cubiertos de sangre y los arrastran al centro del Consejo con la cabeza hacia la audiencia.

Entonces los hijos de Abu Sa`id al-Jannabi, Sa`id el mayor y Suleiman el menor, llegan al Consejo.

Sa`id y Suleiman (poniendo sus manos sobre el cadáver de su padre mientras gritan): ¿Quién hizo eso? ¿Quién hizo eso?

Quinto comandante: ¡Fue el sirviente escita! ¡Aquí está! ¡Vamos, Sa`id!

Sa`id bin Abu Sa`id avanza mirando al sirviente al-Saqlabi, y mientras tanto uno de los guardias se dis-

pone a matar al sirviente al-Saqlabi, pero Sa`id le detiene y grita:

Sa`id: ¡Traedme unas tenazas! ¡Tenazas!

Uno de los escoltas va a buscar las tenazas.

Sa`id (gritando): ¡Mi hermano Suleiman Abu Taher!

Abu Taher Suleiman: Sí, Sa`id.

Sa`id: Llevad el cuerpo de nuestro padre y de los líderes a la habitación de al lado.

El escolta regresa con unas tenazas en la mano y se las entrega a Sa`id.

Sa`id (ordena al guardia): ¡Quítale la ropa al sirviente!

Sa`id (con las tenazas en la mano, dirigiéndose al sirviente): ¡Te arrancaré la carne con estas tenazas!

Comienza a arrancarle la carne diciendo:

Sa`id: Trozo a trozo… Pedazo a pedazo… Trozo a trozo…

Y mientras el sirviente grita de dolor, Sa`id lanza las piezas de la carne en el escenario a izquierda y derecha y dice:

Sa`id: Trozo a trozo… Pedazo a pedazo… Trozo a trozo…

Telón

Tercer acto

Primera escena

Escena: Una plaza, frente a la casa de Abu Taher Suleiman bin Abu Sa`id Hassan al-Jannabi, con una placa grabada en la parte superior de la puerta donde dice "Dar al-Hijrah".

Se puede ver un banco de madera en la plaza, en el que hay sentado un hombre con un turbante en la cabeza, Era el mismo "quinto comandante" que había sobrevivido al asesinato de Abu Sa`id al-Jannabi, aunque su aspecto es el de hombre ya anciano. Un hombre beduino, vestido con un traje árabe, se adelanta y dice:

Hombre beduino: Que la paz, la misericordia y las bendiciones de Dios sean contigo.

Quinto comandante: La paz, la misericordia y las bendiciones de Dios sean contigo.

Hombre beduino: ¿Es esta la casa de Abu Taher Suleiman al-Jannabi?

Quinto comandante: ¿Quién eres? ¿Qué quieres de Abu Taher?

Hombre beduino: Soy un beduino del desierto... ¿He venido para unirme al grupo de Abu Taher? ¡Y tú! ¿Quién eres tú?

Quinto comandante: ¿Has oído hablar del asesinato de Abu Sa`id al-Jannabi y del asesinato de los líderes que estaban con él, en el año 301 AH?

Hombre beduino: sí.

Quinto comandante: ¡Soy el capitán que sobrevivió a ese asesinato!

Hombre beduino: Entonces tú trabajas para Abu Taher al-Jannabi, por lo que podrías ayudarme a unirme a su grupo.

Quinto comandante: Tras el asesinato de Abu Sa`id al-Jannabi, su hijo Sa`id al-Jannabi se convirtió en el caudillo, así que trabajé para él durante cuatro años. Luego Abu Taher Suleiman al-Jannabi, el hijo menor de Abu Sa`id Hassan al-Jannabi, le usurpó el poder a su hermano Sa`id, y por ende a nosotros, y tomó el mando en el año 305 AH.

Hombre beduino: ¿Por qué estás aquí, frente a su casa hoy?

Quinto comandante: Me dijeron que llegaría de La Meca en breve así que me dije a mí mismo que le daría la bienvenida. Puede que así su corazón se ablande después de visitar la sagrada casa de Dios y me dé algo de dinero, para poder vivir.

Hombre beduino: ¡Se dice que tiene mucho dinero!

Quinto comandante: Después de que Abu Taher tomara el poder, es decir hace 15 años, solía llevar a la gente con él al desierto y decirles: Si caváis en la tierra en esta zona, encontraréis dinero.

Y por supuesto, cuando empezaron a cavar, encontraron el dinero que enterró con su padre y todo el mundo desconocía. Cada vez que llevaba a la gente a otro lugar, recogía el dinero después de repartir parte del dinero a las personas que iban con él, razón por la cual la gente pensaba que él conocía lo oculto.

Hombre beduino: ¿Cómo fue su vida?

Quinto comandante: Desde principios de este año 316 AH., se está echando a perder en el mundo. Atacó Kufa, Al-Rahbah, Mosul y Sinjar. Mató a su gente y saqueó su dinero.

Como sus seguidores se multiplicaron, comenzaron a atacar aldeas, aniquilar a su población y expoliar sus bienes, de modo que cuando la gente escuchaba el nombre de Abu Taher Suleiman Ibn Abu Sa`id al-Jannabi al-Qarmati, huían despavoridos.

Tras su regreso, colgó esta placa en la puerta de su casa:

"¡Dar Al-Hijrah!"

Hombre beduino: ¿Dónde está él ahora?

Quinto comandante: Se fue al Hajj . ¡¡Dios tenga misericordia de los peregrinos en la casa de Dios y los guarde de este mal hombre!!

Las voces del canto de "Al-Ardah"[1] y las panderetas se escuchan a medida que se acercan.

Una persona entra corriendo a la plaza y grita:

La Persona: ¡Abu Taher al-Qarmati ha llegado, ha llegado!

¡Ha llegado Abu Taher al-Qarmati!

¡Ha llegado Abu Taher al-Qarmati!

La banda de "Al-Ardah" entra y comienza a bailar mientras Abu Taher al-Qarmati ingresa con una cesta en la mano.

Abu Taher al-Qarmati: ¡¡Escuchad!! ¡¡Escuchad!!

(Entonces el baile y los cantos cesan)

Abu Taher al-Qarmati: ¡¡Sentaos!! ¡¡Sentaos!!

Fui al Hajj pero no me gustó la peregrinación, por lo que dirigí con mi grupo a visitar a los peregrinos el día de Tarwiyah, tomé su dinero, maté a muchos de ellos, ordené que sus cuerpos fueran arrojados en el pozo de Zamzam y quité la cubierta de la Kaaba, lo

1- Es un tipo de danza popular de la península Arábiga realizada en celebraciones nacionales, festivales y días festivos. Esta danza se realiza con dos filas de hombres enfrentadas entre sí, cada uno de los cuales pueden o no estar empuñando una espada.

rompí en pedazos, se lo distribuí a mis compañeros y saqué la Piedra Negra. Los peregrinos que sobrevivían solían decir “No... No...”, yo decía, ¿Dónde están las aves Ababil?

¿Dónde están las piedras de arcilla?

(Abu Taher al-Qarmati abre la cesta y muestra la Piedra Negra)

Abu Taher al-Qarmati: ¡¡Esta es la Piedra Negra!! La traje conmigo. ¡Caminad alrededor de ella y cantad conmigo!

Yo soy Dios... El Dios soy yo...

Yo engendré la creación... Y yo la destruiré.

Al-Ardha comienza a dar vueltas alrededor de la Piedra Negra, tocar los tambores, cantar y repetir:

Al-Ardah: Él es el Dios... Y Dios es él...

Él inició la creación y él la destruirá.

(El canto y las danzas continúan hasta que baja el telón)

Telón

Segunda escena

Escena: La plaza frente a Dar Al-Hijrah, la casa de Abu Taher Suleiman Ibn Hassan al-Jannabi al-Qarmati. Muestra el banco de madera en el cual se sienta un anciano llamado Muhammad Sanbar Ibn al-Hasan Ibn Sanbar.

Mientras tanto, dos hombres llegan al lugar. Uno de ellos es comerciante, lo cual se percibe por su vestimenta. El otro es un paisano que trabaja como guía.

El guía (se refiere a Muhammad Sanbar Ibn al-Hasan): Este es Muhammad Sanbar Ibn al-Hasan.

(Luego el guía se va)

El comerciante saluda a Muhammad Sanbar Ibn al-Hasan y se sienta a su lado en el banco.

Muhammad Sanbar: ¿De dónde eres?

Comerciante: Soy un comerciante de Isfahán y vine a Qatif para comerciar. Pero cuando supe que al-Zakri, también llamado Abu al-Fadl Zakaria estaba aquí, vine a Hajar para advertirle a Abu Taher, sobre esta persona. Es uno de los reyes de Persia en Isfahán. Estableció un centro religioso en Isfahán para predicar su fe.

Muhammad Sanbar: Si alguien de esta ciudad de Hajar te escuchara decir lo que me dijiste, ¡Te mataría!

¡Oh, comerciante! Olvida esas palabras y ocúpate de tu negocio.

Más bien, sal rápidamente de este pueblo y no digas una sola palabra. ¡Vamos! ¡De prisa, de prisa!

Al rato entra un joven de rostro atractivo, de piel clara y de hombros estrechos, de unos veinte años. En la cabeza lleva un turbante amarillo, viste un traje amarillo y envuelve su cintura con un paño amarillo. Muhammad Sanbar saluda al joven con una reverencia:

Muhammad Sanbar: ¡Hola Abu al-Fadl Zakaria! ¿Podrías sentarte por favor?

Abu al-Fadl Zakaria: Cuando visité en Isfahán a mi padre, que también es tu amigo, acordé con él matar a su oponente y rival, Abu Hafs al-Sharik bin Zarqan, esposo de la hermana de Abu Taher, hasta que el lugar quedara desocupado para ti. Y mi padre me designó para hacerlo. ¡Pero no cumplió su promesa de entregarme el poder y convertirme en un soberano!

Muhammad Sanbar: Le conté a tu padre sobre los secretos de Abu Sa`id al-Jannabi, y sobre algunos de los misterios y símbolos de los carmatianos, ya que yo era una persona cercana a ellos.

Le prometí que le convertiría en su caudillo y haría esto por él con toda mi lealtad.

Y ahora vienes tú, tomas el lugar de tu padre y mencionas asuntos extraños.

¿Qué pretendes lograr?

Abu al-Fadl Zakaria: Quiero matar a Abu Taher al-Qarmati y ser yo el caudillo de los carmatianos.

Muhammad Sanbar: ¿Dónde hallarías a Abu Taher al-Qarmati para matarlo? Ahora está al-Rahba, ocupará al-Ramlah y luego Damasco. No tengas prisa o me temo que te descubrirán.

Abu al-Fadl Zakaria: ¡¿Y quién más sabe sobre mi situación sino tú?!

Muhammad Sanbar: ¡Se habla de ello por todo el país!

Abu al-Fadl Zakaria: ¿Qué dicen?

Muhammad Sanbar: Dicen que no eres musulmán y que eres uno de los reyes de Persia. También dicen que estableciste un centro religioso en Isfahán para predicar tu fe destinado a derrocar al califato islámico en Bagdad.

Se escuchan voces cantando una canción de adora-

***ción. Llega Abu Taher al-Qarmati con su séquito. Desde el momento en que Abu Taher al-Qarmati ve a Abu al-Fadl Zakaria, comienza a gritar a todo pulmón, refiriéndose a* Abu al-Fadl Zakaria:**

Abu Taher al-Qarmati: ¡Este es mi Señor y el vuestro! ¡Mi Dios y tu Dios!

Abu Taher al-Qarmati (levantando a Zakaria por encima del banco): ¡Todos somos tus sirvientes! ¡Tú decides! ¡Eres soberano de todos nosotros!

Abu Tahar al-Qarmati y su séquito comenzaron a ensuciarse la cabeza y repetir el dicho:

Séquito: Nuestro Dios... Nuestro Dios... Nuestro Dios...

Abu Taher al-Qarmati: Sabed, !Oh, gente! Que la evidencia ha aparecido y es la religión de nuestro padre Adán, y todas las religiones a las que estábamos sometidos son inválidas. Todo lo que los predicadores dijeron es falso e ilegítimo, incluyendo la mención de Moisés, Jesús y Mahoma. Más bien, la auténtica religión es la primera religión de Adán y todos esos predicadores son charlatanes y sinvergüenzas. ¡Que Dios los maldiga!

Séquito (mientras dan vueltas alrededor del banco): ¡Malditos sean! ¡Malditos sean! ¡Malditos sean!

Abu al-Fadl Zakaria: ¡Oh, pueblo!

He decidido abolir las oraciones y el ayuno para vosotros, permitir la sodomía, permitir que podáis casaros con mujeres que se consideran prohibidas y os dejaré beber vino. Y decretaré que construyáis cuatro casas en este pueblo, cada una en un punto cardinal, y que encendáis fuego en ellas día y noche.

Entonces Abu Taher al-Qarmati y su séquito comienzan a desnudarse dejando nada más lo que oculta sus partes íntimas. Dando vueltas alrededor del banco en el que estaba Abu al-Fadl Zakaria cantando:

Séquito: ¡Nuestro Dios, el Todopoderoso! ¡Nuestro Dios, el Todopoderoso! ¡Nuestro Dios, el Todopoderoso! ¡Nuestro Dios, el Todopoderoso!

Cuarto acto

Lugar: La casa de Abu Sa'id al-Jannabi (la misma vista que en el segundo acto)

Llaman a la puerta y un criado va a ver quién es, luego regresa, diciendo:

Sirviente: Señor, señor, Muhammad Sanbar está en la puerta, dice que quiere veros.

Abu Taher al-Qarmati: Déjalo entrar.

Muhammad Sanbar entra y dice con asombro:

Muhammad Sanbar: ¿Qué es lo que hiciste ayer, Abu Taher? ¡Has perdido tu reputación de cara a la gente!

Abu Taher al-Qarmati: Me dijeron que el Mahdi había llegado y que logró someter a la gente en Hajar. Así que volví rápidamente de al-Rahbah, a pesar de que estaba haciendo arreglos para ocupar al-Ramlah y Damasco. Cuando llegué y le vi tuve miedo de quedarme paralizado, así que hice estas cosas para alejarme de su maldad.

Muhammad Sanbar: ¿Sabías que Abu al-Fadl Zakaria no es musulmán y que es de Isfahán?

Abu Taher al-Qarmati: ¿No es musulmán?

Muhammad Sanbar: ¿Y sabías también que fue él mismo quien mató a Abu Hafs Sharik Ibn Zarqan, esposo de tu hermana? ¡Incluso fue él quien mató al niño Hafs, hijo de tu hermana!

Abu Taher al-Qarmati: ¡Espera! ¡Espera un momento, Madre! ¡Oh, Furya! ¡Oh, Umm Sa'id!

Furya (viene y dice): ¡Sí, hijo!

Abu Taher al-Qarmati: Ven y escucha lo que dice Muhammad Sanbar. Que Abu al-Fadl Zakaria no es musulmán y que fue él quien mató a Sharik Ibn Zarqan, marido de tu hija, y a tu nieto, Hafs.

Furya: ¡Que Dios lo maldiga!

Muhammad Sanbar (dirigiéndose a Abu Taher al-Qarmati): Él también violó a tu hermana.

Furya (grita): ¡Qué vergüenza! ¡Qué vergüenza!

Abu Taher al-Qarmati se golpea la cabeza con ambas manos, gimiendo dolorosamente.

Muhammad Sunbar (dirigiendo las palabras a Abu Taher al-Qarmati): ¡Y ahora está decidido a matarte!

Abu Taher al-Qarmati: ¡Le mataré!

Muhammad Sunbar: ¡¿Cómo le matarás?! ¡Está protegido por su guardia en el patio, en el exterior de tu casa!

Abu Taher al-Qarmati: ¡Le traemos aquí!

Muhammad Sunbar: ¿Cómo?

Abu Taher al-Qarmati (para sí mismo) ¿Cómo?... ¡¿Cómo?!...

La reflexión continúa hasta que Abu Taher al-Qarmati dice dirigiéndose a su madre:

Madre, voy a idear un señuelo con el que atraer a este criminal para que se quede solo y desprotegido aquí y le mataremos. No tengas miedo madre, confía en mí.

Luego se vuelve hacia Muhammad Sanbar:

Tú te irás hacia él Muhammad y le dirás "Oh, nuestro Dios Furya, la madre de Abu Taher, ha muerto, y esperamos que vengas a rajarle el vientre y lo llenes de brasas, como he aprobado a la gente".

Yo dejaré a mi madre tendida en el suelo, aparentando estar muerta.

Sale Muhammad Sanbar e interviene la hermana de Abu Taher al-Qarmati:

Hermana de Abu Taher: ¡Lo escuché todo!

Abu Taher al-Qarmati: ¡Oh, prostituta! ¡Sal de aquí!

Furya: No la culpes por haber sido violada. Además ella me lo contó todo.

Abu Taher al-Qarmati (hablando con su madre):

Vamos, acuéstate aquí. Yo te cubriré... Así que no te muevas.

Furya se tiende en el suelo y Abu Taher al-Qarmati la cubre con una funda de tela mientras su hermana sale del salón.

Hermana de Abu Taher: ¡Hay que matarlo! ¡Debe de ser asesinado! ¡Debe de ser asesinado!

La madre levanta la cabeza, diciendo:

Furya: ¡Hay que matarlo! ¡Debe de ser asesinado!

Abu Taher empuja la cabeza de su madre contra el suelo.

Llaman a la puerta. Abu Taher al-Qarmati abre la puerta y entra Abu al-Fadl Zakaria con Muhammad Sanbar. Entonces Abu Taher al-Qarmati se postra y dice:

Abu Taher al-Qarmati: Dios mío... ¡Dios mío!

Luego alzando la voz dice llorando y gritando fingidamente:

Abu Taher al-Qarmati: ¡Mi madre, Furya, ha muerto!

Abu al-Fadl Zakaria saca un cuchillo de su bolsillo y lo lleva hacia Furya.

Abu al-Fadl Zakaria: Le rajamos el vientre y lo llenamos de brasas.

En ese momento las piernas de Furya comienzan a temblar. Abu al-Fadl Zakaria se percata del temblor de las piernas de Furya y comienza a sospechar.

Entonces Abu Taher al-Qarmati agarra la mano de Abu al-Fadl Zakaria en la que tiene el cuchillo:

Abu Taher al-Qarmati: ¡Oh, Dios mío! ¡Espero que la revivas de nuevo para mí!

Abu al-Fadl Zakaria: Ella no merece vivir, es una infiel. Le cortaré el vientre con un cuchillo.

Las piernas de Furya vuelven a temblar de miedo y Abu al-Fadl las observa.

Abu Taher al-Qarmati agarrando la mano de Abu al-Fadl Zakaria dice:

Abu Taher al-Qarmati: No, no, ¡Oh, Dios mío, revívela!

Abu al-Fadl Zakaria intenta clavar el cuchillo sobre el vientre de Furya, mientras realiza movimientos de malabarismo:

Abu al-Fadl Zakaria: ¡Le abriré la barriga!

Las piernas de **Furya** *tiemblan mucho.*

Abu Taher al-Qarmati (sosteniendo la mano de Abu al-Fadl Zakaria): ¡No... No...! ¡Oh, Dios mío! ¡Revívela!

Abu al-Fadl Zakaria (tras quedarse atónito y percatarse el complot): No me apresures. Me robaron el amuleto con el que devuelvo la vida a los muertos. Esperaré a que venga mi padre y la reviva.

Sa'id Ibn Hassan al-Jannabi entra rápidamente con un cuchillo en la mano y detrás de él su hermana, por lo que agarra a Abu al-Fadl Zakaria por detrás y le pone el cuchillo en el cuello.

Abu al-Fadl Zakaria: ¡No me mates! No quiero ser el caudillo. ¡Hazme tu esclavo!

¡Cuidaré las vacas y las ovejas!

Abu Taher al-Qarmati: ¡No, no, Sa'id!

Sa'id: ¡Mi hermana me lo contó todo!

Abu al-Fadl Zakaria (gritando) ¡Oh, guardias! ¡Oh, guardias!

Sa'id mata a Abu al-Fadl Zakaria, la sangre se derrama sobre su pecho y deja caer un cadáver al suelo.

Aporrean la puerta y unas voces dicen:

Voces: ¡Abrid la puerta!

(Llamadas a la puerta): ¡Abrid la puerta!

Muhammad Sanbar: ¡Son los guardias! ¡Los guardias de Abu al-Fadl Zakaria!

Abu Taher al-Qarmati (dirigiéndose a Muhammad Sanbar): ¡Arrójales dinero! ¡Vamos, date prisa!

Abu Taher al-Qarmati abre una caja llena de pequeñas bolsas llenas de dinero y se las entrega a Mu-

hammad Sanbar, y este se las arroja por la ventana. En el centro del Consejo está el cadáver de Abu al-Fadl Zakaria tirado en el suelo y Sa'id y su hermana están al lado del cadáver.

Hermana: ¡Rájale el estómago, Sa›id! ¿Me sacarás el hígado para que yo pudiera comerlo?

Mientras Sa'id le abre el estómago a Abu al-Fadl Zakaria, Abu Taher al-Qarmati y Muhammad Sanbar continúan arrojando las pequeñas bolsas desde la ventana a la gente, fuera de la casa de Abu Sa'id al-Jannabi, y repiten:

Abu Taher al-Qarmati y Muhammad Sanbar: ¡Dinero! ¡Dinero! ¡Sobornémosles con dinero!

¡Dinero! ¡Dinero! ¡Sobornémosles con dinero!

Sa›id toma el hígado de Abu al-Fadl Zakaria y se lo da a su hermana. Ella comienza a morderlo y la sangre fluye de su boca. Abu Taher al-Qarmati y Muhammad Sanbar continúan lanzando las bolsas mientras repiten:

¡Dinero! ¡Dinero! ¡Sobornémosles con dinero!

Telón

Quinto acto

Escena: Una plaza que representa el patio del Gran Santuario de la Meca.

Fecha: El quinto día de Dhul-Hijjah, año 339 AH (correspondiente al día quince de mayo de 951 d. C.).

Las voces de súplica inundan el Lugar:

Voces: ¡Oh, Alá! Me atengo a tu obediencia, me dirijo hacia ti.

Me dirijo hacia ti, tú no tienes copartícipe, me dirijo hacia ti.

Que la alabanza, la gracia, y la soberanía son tuyas, tú no tienes copartícipe.

La súplica continúa y una persona sube al púlpito y dice:

Persona: El príncipe de La Meca quiere hablar con vosotros.

La persona baja mientras que el príncipe de La Meca sube y lee en un papel que dice:

Príncipe de La Meca: ¡Oh, musulmanes! ¡Oh, musulmanes!

Nadie escuchó lo que estaba diciendo el príncipe, debido a las fuertes voces de las oraciones de los peregrinos.

Príncipe de La Meca: ¡Oh, musulmanes! ¡Oh, musulmanes!

Aquí se detiene la súplica.

Príncipe de La Meca: ¡Oh, peregrinos de la casa de Alá! Hoy es un día feliz para vosotros.

¡Oh, peregrinos! El día de hoy de este año 339 AH, la Piedra Negra fue devuelta después de que al-Qarmati la secuestrara y permaneciese en su poder durante veintidós años.

¡Oh, musulmanes! ¡Oh, peregrinos de la casa de Alá! Tengo conmigo a Muhammad Sanbar ibn al-Hassan ibn Muhammad Sanbar, quien nos devolvió la Piedra Negra. Antes de devolver la Piedra Negra a su lugar os dirigiré unas palabras musulmanes:

¡Oh, musulmanes! ¡Uníos en la palabra que dice que no hay más Dios que Alá y que Mahoma es el mensajero de Alá!

¡Oh, musulmanes! ¡Mantened a los intrusos alejados de vuestra religión!

¡Oh musulmanes, purificad vuestros corazones de odio!

¡Oh, musulmanes! ¡*Amaos* los unos a los otros por Alá, amad por Alá!

Ahora dejemos que Muhammad Sanbar se acerque para subir al púlpito y mostraros la Piedra Negra en persona.

Luego la colocaremos en su lugar.

Muhammad Sanbar sube al púlpito, abre la bolsa, saca la piedra negra de ella y la levanta con la mano para mostrársela a la gente. Aquí se elevan los sonidos de súplica:

¡Dios es grande! ¡Dios es grande! ¡Dios es grande!

No hay más Dios que Alá.

Alá es el más grande, Alá es el más grande. Alabanza a Alá.

La súplica continúa...

Muhammad Sanbar baja y se va con el príncipe de La Meca a la esquina en la que colocan la Piedra Negra mientras continúa el takbir[1]. Todos los actores entran de uno en uno y participan dando vueltas a la Kaaba y besando la Piedra Negra. Todos repiten la súplica y después todos se dirigen al borde del escenario, frente al público, y dicen Alá es el más

1- Takbir, es una expresión de fe del islam muy utilizada en el mundo musulmán como exclamación informal y expresión formal de fe. Como expresión formal de fe, el takbir es la primera frase de la llamada a la oración (àdhan) dicha por el almuédano.

grande, Alá es el más grande y les piden a los asistentes con una señal de sus manos que participen en el dicho Alá es el más grande, Alá es el más grande. Mientras continúa el takbir, las voces de la audiencia se elevan y dicen que Alá es el más grande, Alá es el más grande.

Telón

Fin

www.ingramcontent.com/pod-product-compliance
Ingram Content Group UK Ltd.
Pitfield, Milton Keynes, MK11 3LW, UK
UKHW021958190726
13853UKWH00004B/1609

9 789948 469292